Publicado por Robert Corbin

@ Boris Gil

Dieta Cetogénica: El Libro De Cocina Cetogénico Paso a Paso Para Ganar Cetosis

Todos los derechos reservados

ISBN 978-87-94477-76-5

TABLE OF CONTENTS

Caçarola De Café Da Manhã 1

Tortitas De Almendras 3

Empanadas De Calabaza Ralladas 5

Filetes De Atún Aleta Amarilla A La Parrilla 8

Bayas Con Avena Y Coco 10

Batido De Chocolate Negro Sin Lácteos 12

Tazón De Desayuno Ceto 14

Pollo Al Horno Bajo En Carbohidratos Y Arroz Con Coliflor 17

Hamburguesas Keto En Sartén Con Tocino Y Jalapeño .. 20

Ensalada Simple Con Huevos 24

Panqueques, El Camino Hacia La Dieta Cetogenica 26

Huevos Endiablados Ceto 28

Trufas De Bacon Y Pistacho 29

Mozzarella En Una Sábana De Prosciutto 31

Sándwich De Nube Keto 32

Lonchas De Jamón Con Champiñones 33

Crema Ceto Catalana 36

Queso A La Parrilla De Calabacín 38

Ensalada De Tomate Cherry De Arúrcula De Aguacate Con Vinagreta Balsámica 41

Lasaña De Calabacín Sin Gluten 44

Antipasti Keto 47

Chips De Queso Con Guacamole 49

Pequeñas Pizzas Vegetarianas 51

Albóndigas Con Ensalada De Espárragos Suaves 53

Tortillas De Tomate 55

Salchicha De Desayuno 58

Brownies De Calabaza 60

Repolho Roxo Com Maçã 63

Granola De Canela 65

Tortilla Con Champiñones Y Queso De Cabra 67

Huevos Benedict Cazuela 69

Vegan Keto Scramble 74

Tocino Con Huevos 77

Albóndigas De La Dieta Cetogenica 79

Albóndigas De Pavo Caprese 81

Alitas De Pollo Cítricas 83

Brochetas De Pollo Picante 85

Brócoli Keto Al Horno 87

Patatas Fritas Keto Al Horno 89

Smoothie Aguacate Apio Y Menta 91

Ginger Asian Coleslaw 93

Radishes Asadas De Ajo 96

Bacon De Coco 98

Lasaña Cetogénica De Calabacín 100

Chuletas De Aguacate 102

Rodajas De Pollo 104

Brownies De Espresso Con Arándanos 106

Galleta Cocochocodamia 108

Gachas Keto Veganas 110

Tortilla De Espinacas, Cebolla Y Queso De Cabra 112

Desayuno Ceto Brownie Muffins 115

Keto Corned Beef Hash Con Rábanos 118

Receta De Pollo Frito Del Sur 120

Puré De Coliflor Con Ajo Y Cebollino: Bajo En Carbohidratos Y Sin Lácteos 122

Muslos De Pollo Dijon Simples 124

Pasta A La Boloñesa De Pavo Vegetariana 126

Pollo Y Champiñones En Sartén 128

Empanadas Keto De Parmesano Con Salsa De Tomate 130

Lasagnetta Con Calabacines, Jamón Y Queso Provolone 133

Schnitzel Crujiente 135

Keto Bombas De Grasa 137

Batido De Proteína De Keto De Chocolate 139

Green Curry Kale & Crispy Coconut Tempeh 141

Cazuela Abundante Con Tocino 145

Huevo Con Tocino Y Ensalada De Espinacas 147

Chile Pimiento Relleno 149

Galletas Cavernícolas 151

Caçarola De Café Da Manhã

Ingredientes:

- 1 xícara de queijo ricota 1 cebola picada
- Sal e pimenta a gosto
- 1 pacote descongelado de espinafre congelado (crocante) 1 xícara de cogumelos fatiados
- 10 ovos
- ¼ xícara de creme de nata batido
- 500g de linguiça amassada

Direcciones:
1. Pré-aqueça o forno a 350 graus.
2. Bata bem os ovos, o creme, a ricota e a cebola Tempere com sal e pimenta

3. Adicione o espinafre, cogumelos e salsichas amassadas. Asse por 30 minutos.

Tortitas De Almendras

Ingredientes:

- ½ taza de agua

- ½ cucharadita de bicarbonato de sodio

- ¼ de cucharadita de sal

- ¼ de cucharadita de stevia líquida

- 1 taza de harina de almendras

- 2 huevos enteros de corral medianos

- 2 onzas de manteca

Direcciones:

1. Combine la harina, la sal y el bicarbonato de sodio en un tazón y reserve.

2. En un en un recipiente aparte, mezcle los huevos, la stevia líquida y 1 cucharada de ghee hasta que estén bien conjunto.
3. Vierta la mezcla de huevo en el recipiente con la mezcla de harina y mezcle bien. Hasta que esté suave.
4. Si la mezcla de rebozado es demasiado espesa, agregue con agua y mezcle hasta obtener el deseado se logra la consistencia. Cubra el recipiente con un paño y déjelo reposar durante 15 minutos, reserve.
5. Agregue el ghee restante en una sartén y aplique a fuego medio-alto. Una vez que el ghee esté caliente, vierta suficiente mezcla para panqueques solo para cubrir la base de la sartén.
6. Cocine hasta que la parte inferior esté ligeramente dorado y darle la vuelta para cocinar el otro lado.

7. Repita el procedimiento con el restante de la mezcla de panqueques y colóquelos en una fuente para servir.
8. Sirva tibio con su pasta para untar favorita , si lo desea.

Empanadas De Calabaza Ralladas

Ingredientes:

- ¼ taza de harina de almendras

- 3 huevos enteros de corral medianos

- 1 taza de queso de cabra tierno

- 2 cucharadas de ghee/mantequilla clarificada

- Sal y pimienta para probar

- 1 taza de calabaza rallada

- 1 taza de col rizada

- 2 cucharadas de cebolla de verdeo picada

Direcciones:
1. Combine la harina, la sal y la pimienta en un tazón y mezcle con el calabaza, cebollas verdes, col rizada y queso de cabra.
2. Mezcle los Ingredientes: hasta que estén bien combinados.
3. Bate ligeramente los huevos y viértelos en el bol.
4. Mezcle bien los Ingredientes: hasta que estén bien incorporar y dividir en 8 porciones iguales. Aplane cada porción con las manos para darle forma de empanada.
5. Agregue el ghee en una sartén o sartén, aplique fuego medio-alto y fría las hamburguesas en partes separadas.
6. Lotes Freír durante unos 3 a 4 minutos por un lado y darle la vuelta para cocinar el otro lado durante 4 minutos.

7. Cuando todas las hamburguesas estén listas, transfiéralas a un plato para servir y sirva inmediatamente.

Filetes De Atún Aleta Amarilla A La Parrilla

Ingredientes:

- ½ taza de aceite de oliva

- 4 filetes de atún aleta amarilla

- ½ cucharadita de pimentón ahumado

- ½ cucharadita de comino molido

- ½ cucharadita de chile en polvo

- ¼ de taza de hojas de cilantro fresco picado

- 3 dientes de ajo, picados

- 2 cucharadas de jugo de limón

- Sal y pimienta negra

Direcciones:

1. Agregue el cilantro, el ajo, el pimentón, el comino, el chile en polvo y el jugo de limón en una comida procesador y pulso para combinar.
2. Poco a poco agregue el aceite y pulse los Ingredientes: hasta que un se logra una mezcla suave.
3. Transfiera la mezcla a un tazón, agregue el pescado y revuelva suavemente para cubrir el pescado uniformemente con salsa.
4. Refrigere durante al menos 2 horas para permitir que los sabores penetren en el pescado.
5. Retire el pescado del enfriador y precaliente la parrilla de gas/carbón.
6. Cepille ligeramente la rejilla con aceite, coloque el pescado y cocine a la parrilla durante unos 3 a 4 minutos por cada lado.

7. Retire el pescado de la parrilla, transfiéralo a un plato para servir y sírvalo con rodajas de limón o salsa preferida.

Bayas Con Avena Y Coco

Ingredientes:

- 1 cucharada de coco desecado
- ½ cucharadita de vainilla en polvo
- ½ cucharadita de canela
- 1/3 taza de leche de coco
- ½ taza de leche de almendras
- 1/4 taza de bayas mixtas (fresas, frambuesas…)
- 2 cucharadas de linaza molida
- 1 cucharada de harina de almendra

- 1 cucharadita de semillas de calabaza secas

Direcciones:
1. Precaliente una cacerola en la ornilla. Agregue linaza, harina de almendra, coco desecado, vainilla en polvo, canela, leche de coco y leche de almendras a la cacerola.
2. Caliente la cacerola a fuego medio, revuelva continuamente hasta que la mezcla esté caliente y espese hasta que se vaya pareciendo a la harina de avena.
3. Verter la mezcla en un bol. Mezcla las bayas mixtas y las semillas de calabaza. Esto hace 1 porción .

Batido De Chocolate Negro Sin Lácteos

Ingredientes:

- 1 onza de chocolate negro bajo en carbohidratos *

- 2 cucharadas de semillas de cáñamo descascaradas

- 2 cucharadas de stevia en polvo, al gusto.

- 1 cucharada de cacao en polvo

- 1/2 taza de crema de coco, fría

- 1/2 aguacate mediano

- 1/2 taza de leche de almendras

- 1 taza de hielo

Direcciones:

1. En una licuadora de alta potencia, o si prefieres puedes usar una batidora de mano introduce el polvo de cacao puro, el edulcorante y las semillas de cáñamo descascaradas para cortar el chocolate.
2. Agregue el resto de los Ingredientes: a la licuadora y mezcle hasta que quede suave.
3. ¡Divide en porciones de 1 taza y disfruta!

Tazón De Desayuno Ceto

Ingredientes:

- 6 dientes de ajo medianos, picados
- 3 cucharaditas de ajo en polvo
- 1 cucharada de stevia
- 1 taza de aceite de coco
- 400 g de arroz de coliflor) la coliflor puedes transformarla en arroz de coliflor con un simple rallador
- 400g de solomillo de ternera
- ¼ taza de salsa de soja
- 1/8 taza de jugo de lima
- 4 huevos grandes

Direcciones:

1. Combine la soja, los cítricos, el ajo, el edulcorante, el ajo en polvo, la sal y la pimienta en un tazón. Revuelva hasta que el edulcorante y la sal se disuelvan formando así una marinada
2. Coloque la carne en una bolsa hermética y vierta la marinada sobre la carne. Déjelo en la nevera durante una noche.
3. Al día siguiente, retira la carne de la marinada. Precaliente una sartén en su ornilla. Cubra la sartén con aceite de coco.
4. Agregue una capa de rebanadas de carne y fríalos, girando hacia los lados, hasta que casi todo el líquido se haya absorbido.
5. Retire la carne de la sartén. Deje que la carne se enfríe antes de cortarla en tiras.
6. Agregue el resto del aceite de coco y el ajo picado a la sartén.

7. Revuelva la sal y el ajo en polvo en aceite y luego agregue la pica de ajo. Salteado hasta que sea aromático.
8. Mezcle el arroz de coliflor, mezcle para cubrir uniformemente.
9. Cocine hasta que esté tierno y casi seco. Sazona con el resto del ajo en polvo y pimienta negra.
10. En una sartén separada, freír los huevos a la consistencia deseada.
11. Retire el arroz y los huevos de coliflor de las ollas, sirva con tiras de carne y sus Ingredientes: favoritos.

Pollo Al Horno Bajo En Carbohidratos Y Arroz Con Coliflor

Ingredientes:

Para el arroz de coliflor:

- 2 cucharadas de jugo de limón
- 1 taza de caldo de pollo
- 1/4 cucharadita de pimienta negra
- 1/2 cucharadita de sal kosher (o más al gusto)
- 1/2 cucharadita de ajo en polvo
- 7 tazas de coliflor cruda finamente picada
- 1/4 taza de perejil picado
- 1/3 taza de aceitunas verdes sin hueso (usé Castelanata), en cuartos
- 2 cucharadas de ralladura de limón

- 2 cucharadas de aceite de oliva

Para el pollo al horno:

- 1/2 cucharadita de pimienta negra

- 1 cucharadita de cebolla en polvo

- 1 cucharadita de pimentón (ahumado si lo tienes)

- 2 libras de piezas de pollo (muslos, muslos o pechugas)

- 1 cucharadita de sal kosher

- 1 cucharadita de ajo en polvo

Direcciones:

1. Combine todos los Ingredientes: del arroz de coliflor en un tazón grande y mezcle bien. Extender en una fuente para hornear de 13 x 9.

2. Combine todos los condimentos de pollo en un tazón pequeño. Frote todo sobre las piezas de pollo. Coloque los trozos de pollo encima del arroz de coliflor. Espolvorea cualquier condimento restante sobre la parte superior.
3. Hornee a 375 grados durante 45 minutos, o hasta que el pollo esté bien cocido y la piel esté crujiente. Servir caliente.
4. Alternativamente, puede poner todo esto en una olla y cocinarlo a fuego lento durante 6 horas.

Hamburguesas Keto En Sartén Con Tocino Y Jalapeño

Ingredientes:

Para las hamburguesas

- 1/4 cucharadita de pimienta negra molida

- 1/2 cucharadita de ajo en polvo

- 24 onzas de carne picada (lo mejor es la carne de ternera 80/20)

- 1 cucharadita de sal kosher (redúzcala a 3/4 de cucharadita si utiliza sal de mesa)

Para los aderezos:

- 6 rebanadas de tocino crudo, cortadas por la mitad

- 4 rodajas de cebolla (de aproximadamente 1/4 de pulgada de grosor)

- 2 jalapeños, sin semillas y cortados en aros

- 4 rebanadas de queso pepper jack

Para la salsa

- 1/2 cucharadita de salsa Worcestershire

- 1 cucharadita de edulcorante de eritritol granulado (yo uso Swerve)

- Servir sobre lechuga iceberg con trozos de pepinillo si se desea

- 1/4 de taza de mayonesa real (prefiero Hellman's o Dukes para comprarla en la tienda)

- 1 cucharada de salsa picante Sriracha

Direcciones:
1. Precalentar el horno a 425° F.

2. Combine la carne molida, la sal, la pimienta y el ajo en polvo en un tazón mediano y mezcle bien con las manos.
3. Forme 4 hamburguesas de igual tamaño y colóquelas en una bandeja de horno grande.
4. Coloque el tocino, los aros de cebolla y las rodajas de jalapeño en la misma bandeja para hornear.
5. Hornee durante 18 minutos.
6. Mientras tanto, combine la mayonesa, la Sriracha, la salsa Worcestershire y el edulcorante y revuelva bien hasta que esté suave. Guarde en el refrigerador hasta que esté listo para servir.
7. Retire la bandeja del horno después de 18 minutos y coloque una rebanada de queso en cada hamburguesa.
8. Ponga el horno en la posición de asado alto.

9. Vuelva a colocar la bandeja en el horno y ase durante 2 minutos, o hasta que el queso esté derretido y ligeramente dorado.
10. Retirar del horno.
11. Coloque en cada hamburguesa 1 hamburguesa, 3 trozos de tocino, 1 rebanada de cebolla, la cantidad deseada de jalapeños y un generoso rocío de salsa (se muestra con lechuga y pepinillos opcionales).
12. Servir caliente.

Ensalada Simple Con Huevos

Ingredientes:

- Mantequilla

- Sal kosher

- Huevos

- Pimienta molida fresca

Direcciones:
1. Coloque los huevos en una olla grande y rellene para cubrir con agua fría y filtrada.
2. Llevar a ebullición y dejar cocer durante 8 minutos.
3. Escurra los huevos con cuidado y sumérjalos en un recipiente con agua helada para evitar que los huevos se cocinen en exceso.
4. Después de que los huevos se hayan enfriado, pelar y picar.

5. Combinar con mantequilla, sal kosher y pimienta molida fresca.
6. Va muy bien con las hojas de lechuga. También pruebe con rebanadas de aguacate, salmón ahumado, pavo o jamón.

Panqueques, El Camino Hacia La Dieta Cetogenica

Ingredientes:

- Huevos (4)

- Requesón (7 onzas)

- Polvo de cáscara de psyllium molido (en tiendas de comestibles saludables 1T)

- Mantequilla (2 onzas)

Direcciones:

1. Mezcle los huevos, el queso y la cáscara de psyllium en polvo juntos y deje a un lado.La mezcla se espesará.
2. A fuego medio, derrita la mantequilla en una sartén antiadherente.
3. Cuando esté derretido y ligeramente burbujeante, vierta 3 T de la mezcla para

panqueques y cocine por 4 minutos. Voltear y cocinar durante 3 minutos más.Continuar con el resto de la masa.

Huevos Endiablados Ceto

Ingredientes:

- 6 huevos
- 1 cucharada de salsa Tabasco verde
- ⅓ taza de mayonesa sin azúcar

Direcciones:

1. Coloque los huevos en una cacerola y cubra con agua salada.
2. Lleve a ebullición a fuego medio. Hierva durante 8 minutos.
3. Coloque los huevos en un baño de hielo y déjelos enfriar durante 10 minutos. Pelarlos y rebanarlos.
4. Mezcle el tabasco, la mayonesa y la sal en un tazón pequeño.
5. Coloque esta mezcla encima de cada huevo.

Trufas De Bacon Y Pistacho

Ingredientes:

- ¼ taza de pistachos picados
- 1 cucharadita de mostaza Dijon
- 8 Rebanadas de tocino, cocidas y picadas
- 8 onzas de Liverwurst
- 6 onzas de queso crema

Direcciones:

1. Combine el Liverwurst y los pistachos en el recipiente de su procesador de alimentos.
2. Pulse hasta que esté suave. Bata el queso crema y la mostaza en otro tazón.
3. Haga 12 bolas de la mezcla de liverwurst.
4. Haga una fina capa de queso crema encima. Cubra con trozos de tocino.

5. Colocar en un plato y refrigerar durante 30 minutos.

Mozzarella En Una Sábana De Prosciutto

Ingredientes:

- 6 lonchas finas de jamón
- 18 hojas de albahaca
- 18 Mozzarella Cilliegine (aproximadamente 8 ½ onzas en total)

Direcciones:

1. Corte las rebanadas de jamón en tres tiras.
2. Coloque las hojas de albahaca al final de cada tira.
3. Ponga encima la mozzarella.
4. Envuelva la mozzarella en jamón.
5. Asegure con palillos de dientes.
6. ¡Disfrute!

Sándwich De Nube Keto

Ingredientes:

- 1 huevo entero
- 60 g luz filadelfia
- 1 pizca de sal
- 2 claras de huevo
- 3 g de levadura instantánea

Direcciones:

1. Batir las claras con la levadura en polvo y en otro bol mezclar el queso con el huevo.
2. Unir suavemente las 2 mezclas, teniendo cuidado de que no se desmonten las claras.
3. Formar 5 bollos y hornearlos en un horno ventilado a 180°C durante unos 10 a 15 minutos.

Lonchas De Jamón Con Champiñones

Ingredientes:

- 1 taza de caldo

- 1 diente de ajo

- Hierbas frescas tomillo, romero, salvia

- ½ vaso de nata para cocinar

- 1 cucharada de queso parmesano rallado

- 4 lonchas de jamón fresco

- 8 champiñones

- 2 nueces de mantequilla ghee

- sal y pimienta

Direcciones:

1. Limpiar las setas retirando el exceso de tierra con un paño húmedo y cortando el extremo del tallo, después cortarlas en láminas finas de medio centímetro aproximadamente.
2. Derretir la mantequilla en una sartén y dorar el ajo, añadir las setas y dejar que se marchiten durante unos minutos a fuego moderado con una tapa.
3. Cuando estén cocidas, retirar las setas de la sartén y reservarlas, en la misma sartén dorar las lonchas de jamón por ambos lados y a continuación añadir el caldo, dejar cocer la carne a fuego lento durante unos 10 min. con tapa.
4. Cuando la carne esté cocida, añadir las setas y la nata y subir el fuego durante 1-2 min. para espesar la nata.
5. Añade el queso parmesano y las hierbas picadas, salpimienta y remueve para sazonar, ¡sirve el plato caliente!

6. Para esta receta puedes utilizar pechuga de pollo, pechuga de pavo, muslos o lonchas de ternera en lugar de jamón. Pruébalo también con carne de conejo, ¡está delicioso!

Crema Ceto Catalana

Ingredientes:

- 4 yemas de huevo
- 1 vaina de vainilla o vainilla en polvo
- 50 g de eritritol para endulzar
- 250 ml de nata para montar
- 250 g de mascarpone

Direcciones:

1. Sumergir la vaina de vainilla o la vainilla en polvo en la nata líquida y hervir.
2. Batir las yemas con una batidora eléctrica y añadir el eritritol y el mascarpone sin dejar de batir.
3. Añade la nata a la mezcla después de dejarla enfriar un poco y retirar la vaina de vainilla si la has preferido a la vainilla en polvo.

4. Poner la mezcla creada en seis moldes de soufflé y colocarlos en un molde lleno de agua hasta cubrir 1/3 de los moldes.
5. Cocer en el horno a 180 grados durante 50 minutos. Retirar del horno, dejar enfriar y guardar en la nevera. Antes de servir, espolvorear con una cucharadita de eritritol y quemar con un quemador para crear una corteza dorada.

Queso A La Parrilla De Calabacín

Ingredientes:

- 2 cebollas verdes, cortadas en rodajas finas
- 1/4 de almidón de maíz
- Sal kosher
- Pimienta negra recién molida
- Aceite vegetal
- 2 tazas de calabacín rallado
- 1 huevo grande
- 1/2 taza de parmesano recién rallado
- 2 tazas de cheddar rallado

Direcciones:

1. Exprime el exceso de humedad del calabacín con una toalla de cocina limpia.
2. En un tazón mediano, mezcle el calabacín con el huevo, el parmesano, las cebollas verdes y la maicena. Sazonar con sal y pimienta
3. En una sartén grande, vierta suficiente aceite vegetal para colocar en capas la parte inferior de la sartén. Vierta alrededor de 1/4 de taza de la mezcla de calabacín en un lado de la sartén y dé forma a un cuadrado más pequeño. Repite esto para formar otra empanada en el otro lado
4. Cocine hasta que se vuelva ligeramente dorado en ambos lados durante unos 4 minutos por lado. Apague el fuego para drenar sobre las toallas de papel y repita con la mezcla de calabacín restante
5. Limpie la sartén
6. Coloque dos empanadas de calabacín en la misma sartén a fuego medio. Cubra ambos en

queso rallado, luego coloque dos empanadas de calabacín más en la parte superior para formar dos sándwiches.

7. Cocine hasta que el queso se haya derretido durante unos 2 minutos por lado
8. Repita con los Ingredientes: restantes y sirva inmediatamente

Ensalada De Tomate Cherry De Arúrcula De Aguacate Con Vinagreta Balsámica

Ingredientes:

- 2 cucharadas de vinagre balsámico
- 1 cucharada de aceite de oliva
- 1 cucharada de jarabe de arce
- 1 cucharada de jugo de limón
- 1 diente de ajo picado
- 1/2 cucharadita de condimentos italianos
- 1/4 cucharadita de sal marina rosa
- 1 pinta de tomates amarillos de cereza o uva, cortados en rodajas por la mitad
- 1 pinta de cereza roja o tomates de uva, cortados a la mitad

- 5 onzas de rúcula bebé, picada

- 2 aguacates grandes y firmes, semiblandos y semimaduros, cortados en trozos

- 1/4 taza de cebolla roja, cortada en cubos

- 6 hojas grandes de albahaca, cortadas en rodajas finas

- 1/2 cucharadita de pimienta

Direcciones:

1. Coloque la rúcula picada, las hojas de albahaca, los trozos de aguacate, la cebolla roja cortada en cubos y los tomates cortados a la mitad en un tazón grande
2. En otro tazón pequeño, mezcle el vinagre, el aceite de oliva, el jarabe de arce, el jugo de limón, el ajo, la sal, la pimienta y los condimentos italianos hasta que estén bien mezclados.
3. Verter los dressigns sobre la ensalada de tomate
4. Mezcle suavemente lasala d hasta que el apósito esté parejo.
5. Añadir albahaca fresca para decorar.

Lasaña De Calabacín Sin Gluten

Ingredientes:

- 1 cucharada de aceite de oliva virgen extra

- 1 cucharadita de sal marina y una pizca de pimienta negra

- 1/2 taza de agua

- 1/4 taza de queso parmesano vegano

- Un tarro de 28 onzas de salsa marinara favorita

- 3 calabaza súbditos medianas, cortadas en rodajas finas con una mandolina

- 3 tazas de nueces de macadamia crudas o almendras blanqueadas empapadas o un bloque de 16 onzas de tofu extra firme, escurrido y prensado seco durante 10 minutos

- 2 cucharadas de levadura nutricional

- 1/2 taza de albahaca fresca, finamente picada

- 2 cucharaditas de orégano seco

- 1 jugo de limón mediano

Direcciones:
1. Precalentar el horno a 375 grados
2. Agregue las nueces de macadamia a un procesador de alimentos o licuadora y mezcle. Raspa por los lados mientras haces esto
3. Agregue los Ingredientes: restantes: levadura nutricional, albahaca fresca, orégano, jugo de limón, aceite de oliva, sal, pimienta, agua y queso parmesano vegano
4. Pruebe y ajuste los condimentos según sea necesario. Agregue más sal y pimienta al gusto, y levadura nutricional para obtener el sabor cursi. Añadir jugo de limón al color

5. Vierta aproximadamente 1 taza de salsa marinara en un plato para hornear y alinee con calabacín en rodajas finas
6. Recoge cucharadas pequeñas de mezcla de ricotta y esparce sobre el calabacín, haciendo una capa delgada. Esparce una capa de salsa marinara y luego cubra con más rodajas de calabacín. Haz esto hasta que se afueda al calabacín.
7. Espolvorea sobre el queso parmesano vegano, y luego cubre con papel de aluminio
8. Hornee cubierto durante unos 45 minutos. Retire el papel de aluminio y hornee durante 15 minutos adicionales hasta que esté nado.
9. Dejar enfriar durante unos 10 a 15 minutos
10. Sirva con queso parmesano vegano adicional y albahaca fresca.

Antipasti Keto

Ingredientes:

- 1 calabacín
- ½ berenjena
- 50 mililitros de aceite de oliva
- 150 gramos de champiñones
- 1 pimiento
- Sal y pimienta

Direcciones:
1. Lava las verduras y córtalas en trozos pequeños. Al mismo tiempo, precalienta el horno a 180 ° C.
2. Esparce las verduras preparadas en una bandeja para hornear forrada con papel de

hornear, echa el aceite de oliva sobre las verduras y sazona con sal y pimienta.
3. Deja que todo se cocine en el horno durante 10 a 12 minutos.
4. Por último, saca las verduras del horno y extiéndelas en 2 platos.

Chips De Queso Con Guacamole

Ingredientes:

- 1 diente de ajo

- 1 lima

- 1 chile

- 2 - 3 rebanadas de queso de tu gusto

- 1 aguacate

- Sal

Direcciones:

1. Precalienta el horno a 250 ° C. Luego, reduce a la mitad el corazón del aguacate.
2. Echa la pulpa del aguacate y tritúralo con un tenedor.

3. Corta las rebanadas de queso en trozos pequeños y déjalos hornearse durante 15-20 minutos.
4. Pela y pica el diente de ajo junto con el chile y mézclalos con el jugo de la lima en la mezcla de aguacate.
5. Finalmente, saca del horno los chips de queso y sírvelas con el guacamole.

Pequeñas Pizzas Vegetarianas

Ingredientes:

- 3 tomates
- 200 gramos de mozzarella
- 100 gramos de champiñones
- 2 berenjenas
- 300 ml de tomates pasados
- Sal y pimienta

Direcciones:
1. Precalienta el horno a 200 ° C.
2. Lava las verduras, las secas y las cortas en tiras finas; de preferencia si retiras el tallo de la berenjena de antemano.
3. Ahora toma las tiras de berenjena y cepíllalas primero con los tomates, luego cúbrelas con

los tomates, los champiñones y finalmente con el queso.

4. Deja que nuestras mini pizzas se horneen durante 15 minutos.
5. Finalmente, saca las mini pizzas del horno, déjelas enfriar por un periodo corto de tiempo y sírvelas en 2 platos.

Albóndigas Con Ensalada De Espárragos Suaves

Ingredientes:

Para las albóndigas:

- 100 ml de caldo de verduras

- 2 cucharadas de aceite de coco

- Mejorana, sal y pimienta

- 250 gramos de carne picada mixta

- 1 huevo

- 1 cebolla

- 1 diente de ajo

- 1 cucharada de mostaza

Para la ensalada de espárragos:

- 400 gramos de espárragos

- 3 cucharadas de aceite de oliva
- 2 cucharadas de vinagre de vino blanco
- Sal y pimienta

Direcciones:
1. Calienta el aceite en una sartén.
2. Pica la cebolla y el ajo finamente.
3. Toma un tazón y mezcla todos los Ingredientes: para las albóndigas, forma varias bolas fuera de la masa y déjelas freír en la sartén durante 2 a 4 minutos por cada lado.
4. Mientras la carne se asa, lava y pela los espárragos.
5. Saca las albóndigas de la sartén y pon los espárragos durante 5 minutos.
6. Prepara una vinagreta del vinagre y el aceite, y prueba todo con sal y pimienta.

7. Extrae los espárragos de la sartén y colócalos junto a las albóndigas y la vinagreta en 2 platos.

Tortillas De Tomate

Ingredientes:

- 4 piezas de tocino cocido y cortado en cubitos
- 1 cucharada. manteca (o mantequilla clarificada), derretida
- Sal y pimienta para probar
- 4 tomates maduros
- 4 huevos
- Rúcula fresca para decorar

Direcciones:

1. Precaliente el horno a 425°F.

2. Corte la parte superior de los tomates. Con un cuchillo para pelar, una cuchara o un tenedor, limpie todo el interior del tomate.
3. Prácticamente quieres tener un ramekin de tomate.
4. Extienda uniformemente el tocino cortado en cubitos por el interior de los tomates.
5. Bate 4 huevos en un tazón y divide uniformemente entre los tomates. Alternativamente, si quieres huevos escalfados, puedes romper un huevo entero en cada tomate.
6. Divida 1 cucharada. de ghee uniformemente encima de los cuatro tomates con el huevo.
7. Sazone las tapas espolvoreando con sal y pimienta.
8. Coloque los tomates en una fuente para hornear Pyrex y hornee durante 40-50 minutos o hasta que tus huevos están completamente cocidos.

9. Colocar en un plato y decorar con rúcula. Disfrutar.

Salchicha De Desayuno

Ingredientes:

- 2 cucharaditas salvia fresca, picada
- 1 cucharadita romero fresco, picado
- 2 cucharaditas sal
- 1 1/2 cucharadita pimienta negra
- 1 cucharadita nuez moscada fresca rallada
- 1 libra de carne molida alimentada con pasto
- 1 libra de carne de cerdo molida
- 1 libra de bisonte molido
- 2 cucharaditas tomillo fresco, picado
- 1/2 cucharadita pimentón

Direcciones:

1. Combine todos los Ingredientes: en un tazón grande para mezclar.
2. Forme círculos de 1 a 2 pulgadas .
3. Puede refrigerar las rondas hasta por 1 semana antes de usarlas o congelarlas hasta por 3 meses.
4. Para comer de inmediato, caliente una sartén a fuego medio-bajo.
5. Coloque las rondas en la sartén y saltee hasta que estén doradas y bien cocidas, aproximadamente 10 a 15 minutos.
6. Sirva con el desayuno, el almuerzo o la cena. Disfruta.

Brownies De Calabaza

Ingredientes:

- 1 cucharada. pastel de calabaza especias
- 2 cucharaditas extracto de vainilla
- 1/2 cucharadita bicarbonato de sodio
- 1/4 cucharadita sal marina
- 4 cucharadas manteca vegetal (de aceite de palma) o mantequilla alimentada con pasto
- 2 cucharadas. miel orgánica cruda
- 1/2 cucharadita vainilla
- 1 taza de concentrado de crema de coco
- 3 huevos de tu granjero local
- 1/2 taza de miel orgánica cruda

- 1/2 taza de puré de calabaza

- 1/4 taza de cacao orgánico en polvo

- 1 cucharada. canela

- 1/2 cucharadita pastel de calabaza especias

Direcciones:

1. Precaliente el horno a 325°F. Mezcle todos los Ingredientes: del brownie en un tazón usando un batidora de mano.
2. Vierta la masa en un molde para muffins engrasado (engrasado con aceite de coco).
3. Puedes también use una fuente para hornear de 8 × 8 pulgadas.
4. Coloque en el horno y hornee durante 20 minutos (30-35 minutos si usa un horno de 8x8 pulgadas). plato), o hasta que sus brownies pasen la prueba del palillo.
5. Retire del horno y deje enfriar.

6. Coloque todos los Ingredientes: del glaseado en un tazón y mezcle hasta que estén bien combinados.
7. Utilizar y servir a temperatura ambiente. Asegúrese de que sus brownies estén fríos, cubra con glaseado y servir. ¡Disfrutar!

Repolho Roxo Com Maçã

Ingredientes:

- 2 colheres de sopa de açúcar de coco ou substituto de açúcar, como Splenda

- 1 colher de chá de cravo moído

- ½ colher de chá. pimenta da Jamaica

- ½ colher de chá de noz-moscada Sal e pimenta a gosto

- 1 repolho roxo picado

- 8 fatias de bacon, cortados em pedaços 1 cebola grande em cubos

- 1 maçã descascada e cortada 2 xícaras de caldo de galinha

- 3 colheres de sopa de vinagre de cidra de maça

Direcciones:

1. Frite o bacon em uma frigideira até ficar crocante. Adicione a cebola e refogue por 5-6 minutos.
2. Adicione o caldo, o açúcar, o vinagre, os temperos, o sal e a pimenta. Adicione o repolho e cozinhe em fogo baixo por 45 minutos.

Granola De Canela

Ingredientes:

- 2 colheres de sopa de sementes de girassol
- ½ colher de chá. canela
- 1 colher de Sopa de açúcar de coco
- 1 xícara de nozes picadas
- ½ xícara de coco ralado
- ¼ xícara de amêndoas fatiadas
- 1 colher de Sopa de manteiga derretida

Direcciones:

1. Pré-aqueça o forno a 375 graus.
2. Junte as nozes, coco ralado, amêndoas fatiadas e sementes de girassol.

3. Adicione canela e açúcar de coco e mexa com a mistura de nozes. Espalhe a mistura em uma única camada em uma assadeira.
4. Regue com a manteiga derretida. Asse por 20 minutos.

Tortilla Con Champiñones Y Queso De Cabra

Ingredientes:

- 2 cucharaditas de crema espesa
- 3 onzas de champiñones rebanados
- 1 cucharadita de aceite de oliva
- 3 huevos grandes
- 50 g de queso de cabra, desmenuzado

Direcciones:
1. Calentar el aceite de oliva en una sartén. Mezcle los champiñones y fríalos hasta que estén blandos, esto se suele conseguir en unos 4 minutos.
2. Mientras se cocinan los champiñones, bata los huevos con la crema espesa.
3. Vierta la mezcla de huevo en los champiñones y cocine unos 2-3 minutos.

4. Añadir el queso de cabra. Dobla y continúa cocinando hasta que el queso comience a derretirse.
5. Cuando haya terminado, servir en un plato.

Huevos Benedict Cazuela

Ingredientes:

- ¼ taza de crema batida pesada.

- Sal y pimienta para probar

- 2 cucharadas de vinagre blanco

- ¼ cucharadita de granos de pimienta triturados

- 1 cucharada de agua

- Jugo de limón al gusto.

- 200 g de mantequilla sin sal

- 500 g de berenjena pelada

- 400 g de jamón precocinado

- 12 huevos grandes

- 6 yemas de huevo grandes

Direcciones:

1. Derrita la mantequilla en una cacerola pesada a fuego lento. Vamos a hacer mantequilla clarificada para la salsa holandesa. Puede hacerlo con mucha anticipación si desea ahorrar tiempo al preparar esta receta.
2. Una vez que la mantequilla se haya derretido habrá una espuma que saldrá a la superficie, quítela.
3. Continuar quitando la espuma de la superficie. Cuando la mantequilla se ve clara y dorada pero ya no produce espuma, se hace. Vierta cuidadosamente la mantequilla clarificada en un recipiente resistente al calor. No permita que los sólidos del fondo se viertan en el recipiente.
4. Lava y corta los extremos de la berenjena. Pelalas con un pelador de verduras.

5. Pique la berenjena y colóquela en una cazuela bien engrasada.
6. Pica el jamón y ponlo encima de la berenjena.
7. Rompe los huevos en un tazón para mezclar.
8. Sazone bien con sal y pimienta. Añadir la crema batida pesada y luego batir juntos.
9. Verter los huevos en la cazuela. Me gusta revolver un poco la berenjena para asegurarme de que los cubos que sobresalen se cubran con un poco de huevo.
10. Cubra la cazuela y hornee a 200 ºC durante 30 minutos. Destape la cazuela y hornee por 20-30 minutos adicionales. Sabrás que está listo cuando el huevo esté completamente cocido.
11. Mientras se cuece la cazuela se puede hacer la salsa holandesa. Asegúrese de que la mantequilla clarificada sea líquida y caliente, pero no demasiado caliente. Esto es especialmente importante si clarificaste la mantequilla de antemano.

12. Calienta una sartén separada. Añadir el vinagre y los granos de pimienta triturados. Cocine hasta que el vinagre esté casi completamente evaporado. Añadir el agua.
13. Transfiera todo a un recipiente de metal. Necesita un recipiente que se ajuste a una de sus salseras y que funcione como una caldera doble.
14. Agregue las 6 yemas de huevo al recipiente de metal y mezcle.
15. 15 Coloque el recipiente sobre una cacerola pequeña de agua hirviendo. Baje el fuego y bata hasta que los huevos se espesen.
16. 16 Retire el recipiente del fuego y rocíe lentamente la mantequilla mientras bate. Casi quieres añadir una gota a la vez al principio. Demasiado rápido y la emulsión se romperá. Agregue limón y sal al gusto. Agregue 2-3 cucharadas de agua para diluir la consistencia

de la salsa. Ten cuidado y solo agrégale una cucharada a la vez.

17. 17 Vierte la salsa sobre la cazuela caliente. Usted querrá servirla caliente y comer de inmediato.Esto hace un total de 8 porciones de Huevos Benedict Cazuela.

Vegan Keto Scramble

Ingredientes:

- 1/2 cucharadita de ajo en polvo
- 1/2 cucharadita de cúrcuma
- 1/2 cucharadita de sal
- 1 taza de espinacas baby
- 3 tomates de uva o cherry
- 400 g de tofu
- 3 cucharadas de aceite de aguacate
- 2 cucharadas de cebolla amarilla cortada en cubitos
- 1 1/2 cucharadas de levadura nutricional
- Queso Cheddar vegano

Direcciones:

1. Envuelva su bloque de tofu en unas pocas capas de papel de cocina o una toalla de tela limpia, y exprima suavemente un poco de agua. Dejar de lado.
2. En una sartén a fuego medio, saltee la cebolla picada en 1/3 del aceite de aguacate hasta que la cebolla esté suave y translúcida.
3. Coloque el bloque de tofu en la sartén y desmenúcelo con un triturador de papas o un tenedor hasta que tenga la consistencia de un huevo revuelto.
4. Rocíe con el resto del aceite y espolvoree con el condimento seco, luego revuelva suavemente para cubrir.
5. Cocine el tofu a fuego medio, revolviendo y doblando ocasionalmente hasta que la mayor parte del líquido se haya evaporado.
6. Incorpore las espinacas, el tomate y el queso cortados en cubitos y cocine por un minuto

adicional o hasta que la espinaca se marchite y el queso se derrita.
7. ¡Sirva caliente y guarde las sobras en el refrigerador hasta por tres días!

Tocino Con Huevos

Ingredientes:

- Tomates cherry (opcional)

- Perejil fresco (opcional)

- 2 huevos

- 1¼ oz. tocino, en rodajas

Direcciones:

1. Freír el tocino en una sartén a fuego medio-alto. Retirar y dejar a un lado, dejando la grasa de tocino en la sartén.
2. Rompe los huevos y colócalos en la sartén, cocinando y sazonando al gusto. Puedes cocinarlos revueltos, con el lado soleado hacia arriba o como quieras. Opcionalmente, puede agregar un poco de crema para aumentar el

contenido de grasa de su comida y agregar sabor adicional.
3. Cortar los tomates cherry por la mitad y, opcionalmente, freírlos en la grasa de tocino.
4. Ponga todo el contenido de la sartén en su plato de servir. Opcionalmente, sustituya dos fresas o moras por los tomates cherry.

Albóndigas De La Dieta Cetogenica

Ingredientes:

- Polvo de cebolla

- Polvo de ajo

- Sal kosher

- Carne molida alimentada con pasto

- Perejil fresco picado

- Pimienta negra molida fresca

Direcciones:
1. Gire el horno a 400 grados F para precalentar.
2. Usando papel de pergamino, forra una bandeja para hornear.
3. Coloque la carne en un tazón de vidrio de tamaño mediano con otros Ingredientes: y mezcle con las manos hasta que se mezclen.

Evite mezclar en exceso ya que esto resultará en albóndigas difíciles de cocinar.
4. Enrollar 8 albóndigas y colocarlas en la bandeja para hornear, forradas.
5. Hornee por 15-18 minutos hasta que estén completamente cocidas.

Albóndigas De Pavo Caprese

Ingredientes:

- 1 huevo

- ½ cucharadita de sal

- ¼ taza de harina de almendra

- 2 cucharadas de aceite de oliva

- ½ taza de mozzarella rallada

- 1 libra de suelo pavo

- 2 cucharadas de tomates secados al sol picados

- 2 cucharadas de albahaca picada

- ½ cucharadita de ajo en polvo

- ¼ cucharadita de pimienta

Direcciones:
1. Coloque todo, excepto el aceite, en un bol.
2. Mezcle con las manos hasta que se combinen.
3. Forme 16 albóndigas de la mezcla.
4. Caliente el aceite de oliva en una sartén a fuego medio.
5. Cocine las albóndigas durante unos 3 minutos por cada lado.
6. ¡Sirva como se desee y disfrute!

Alitas De Pollo Cítricas

Ingredientes:

- 3 cucharadas de jugo de limón
- ½ cucharadita de cilantro molido
- 1 cucharada de salsa de pescado
- 2 cucharadas de mantequilla
- ¼ cucharadita de goma xantana
- 3 cucharadas de edulcorante
- 20 piezas de ala
- 1 taza de omisión Ipa
- Una pizca de polvo de ajo
- 1 cucharadita de cáscara de pomelo

- Sal y pimienta para probar

Direcciones:

1. Combine el jugo y la ralladura de limón, la salsa de pescado, el cilantro, la omisión ipa, el edulcorante y el ajo en polvo en una cacerola.
2. Deje hervir, cubra, baje el fuego y deje cocer a fuego lento durante 10 minutos.
3. Agregue la mantequilla y la goma xantana. Dejar de lado. Sazona las alas con un poco de sal y pimienta.
4. Precaliente la parrilla y cocine por 5 minutos por lado.
5. Sirva rematado con la salsa.

Brochetas De Pollo Picante

Ingredientes:

- 1 cucharada de aceite de oliva
- 2 cucharadas de polvo de cinco especias
- 2 cucharadas de edulcorante granulado
- 1 cucharada de salsa de pescado
- 2 libras de pechugas de pollo, cortadas en cubos
- 1 cucharadita de aceite de sésamo
- 1 taza de pimientos rojos

Direcciones:

1. Combine las salsas y los condimentos en un bol. Agregue el pollo y deje marinar durante 1 hora en el refrigerador.

2. Precaliente la parrilla. Coja 12 brochetas y pique el pollo y los pimientos.
3. Coloque a la parrilla durante unos 3 minutos por lado.

Brócoli Keto Al Horno

Ingredientes:

- 3 cucharadas de aceite de oliva

- Sal y pimienta al gusto

- 2 lonchas de queso rallado

- 30 g de queso parmesano o grana rallado

- 2 Brócoli

- 30 g de almendras fileteadas

- un diente de ajo, picado si se desea

Direcciones:
1. Corta el brócoli en ramilletes, lávalos bajo el grifo y escáldalos durante 5 minutos en agua hirviendo con sal.

2. Escúrralos, déjelos enfriar y, a continuación, unte una fuente de horno con aceite y coloque el brócoli sazonado con sal, pimienta y un chorrito de aceite de oliva y ajo, si lo desea.

3. A continuación, espolvorear la superficie con queso parmesano o parmesano rallado y el sottilette picado, añadir las láminas de almendra y hornear a 200°C durante 20 minutos.

Patatas Fritas Keto Al Horno

Ingredientes:

- 40 g de aceitunas verdes o negras en rodajas

- 1 cucharadita de levadura en polvo

- 2 huevos enteros

- 220 g de mozzarella para pizza

- 60 g Filadelfia

- 50 g de almendras fileteadas

Direcciones:

1. Batir los huevos enteros con un tenedor y añadir las almendras laminadas, las aceitunas y la levadura en polvo y mezclarlo todo.
2. Derretir la mozzarella y el queso Philadelphia en el microondas durante 2 minutos y añadirlos a los huevos con las aceitunas y las

almendras, añadir la levadura en polvo y mezclar bien.

3. Crea 6 purés con la masa y colócalos espaciados en una bandeja de horno y hornéalos a 200 grados durante unos 20 minutos.

Smoothie Aguacate Apio Y Menta

Ingredientes:

- 2 cm de raíz de jengibre
- 1 cucharada de semillas de chía
- 300 mililitros de leche de coco
- hojas de menta fresca
- 1 aguacate
- 2 tallos de apio
- 1 lima

Direcciones:
1. Pelar el aguacate, quitarle el corazón y cortarlo en trozos.
2. Lavar las ramas de apio y retirar los filamentos duros tirando de ellos con un cuchillo.

3. Pele la lima y retire la piel del jengibre. A continuación, ponga todos los Ingredientes: en una batidora y bátalos hasta obtener una mezcla homogénea.
4. Si prefiere una consistencia más suave, añada agua.
5. Si quieres, puedes sustituir el apio por otra verdura y la menta por cualquier hierba aromática.

Ginger Asian Coleslaw

Ingredientes:

- 1 cucharada de jarabe de arce
- 1 cucharadita de aceite de sésamo
- 1 cucharada de vinagre de sidra de manzana
- 2 cucharadas de tamari
- 1 cucharada de vinagre de vino de arroz
- 2 cucharadas de mantequilla de almendras
- 11/2 pulgadas de jengibre, rallado
- 1 diente de ajo picado
- 1/2 cucharadita de pimienta de cayena
- 6 tazas de repollo en rodajas finas de color verde o Napa

- 6 tazas de repollo rojo en rodajas finas

- 2 tazas de zanahorias ralladas

- 1 taza de cilantro, picado aproximadamente

- 3/4 de taza de cebollas verdes, en rodajas

- 1 cucharada de aceite de oliva

- Ralladura y jugo de una lima mediana

- Sal marina y pimienta al gusto

Direcciones:

1. Coloque todos los Ingredientes: del aderezo en una pequeña taza de licuadora
2. Ponga el repollo en rodajas, las zanahorias, las cebollas verdes y el cilantro en un tazón grande.
3. Vierta el apósito sobre la mezcla de repollo y revuelve para mezclar bien

4. Coloque la ensalada de col en la nevera durante aproximadamente una hora para permitir que el sabor se integre bien en ella
5. Servir frío

Radishes Asadas De Ajo

Ingredientes:

- 1/2 cucharadita de cebolla en polvo
- 1/2 cucharadita de orégano
- Sal marina rosa del Himalaya y pimienta al gusto
- 1 cucharadita de romero fresco
- 3 racimos de rábano
- 1/2 taza de caldo de verduras con bajo contenido de sodio
- 3 dientes de ajo picados
- 1/2 cucharadita de romero seco

Direcciones:
1. Precalentar el horno a 400 grados

2. Preparar los rábanos cortando los tallos, verdes y raíces. Enjuáguelos bien. A continuación, cortar el rábano por la mitad
3. En una cazuela de tamaño mediano o plato para hornear, agregue el caldo de verduras, el ajo picado, el romero, la cebolla en polvo, el orégano, la sal y la pimienta. Batir bien
4. Agregue todos los rábanos al plato de hornear, coloque el caldo sobre los rábanos para cubrir cada uno y luego hornéelo durante 30 a 35 minutos, revolviendo a mitad de camino
5. Decorar con romero fresco

Bacon De Coco

Ingredientes:

- 1 cucharada de aminoácidos líquidos Braggs o salsa de soja

- 1 cucharada de jarabe de arce puro

- 1 cucharada de agua

- 31.2 tazas de coco en escamas, sin endulzar

- 2 cucharadas de humo líquido

- 1 cucharadita de pimentón ahumado

Direcciones:
1. Precalentar el horno a 325 grados
2. Combine el humo líquido, las braggs, el jarabe de arce y el agua en un tazón grande.
3. Vierta el coco escamado en la mezcla líquida.

4. Si agrega pimentón ahumado, agregue y revuelve para cubrir uniformemente.
5. Una vez que el coco esté recubierto uniformemente, vierta en una bandeja para hornear antiadherente y deslícelo en el horno
6. Hornee durante unos 20 a 25 minutos, usando una espátula para voltear el tocino aproximadamente cada 5 minutos
7. Monitorea a medida que volteas
8. ¡Disfrutar!

Lasaña Cetogénica De Calabacín

Ingredientes:

- 1 cebolla grande
- 300 ml de tomates pasados
- 2 dientes de ajo
- 2 cucharadas de aceite de coco
- 2 calabacines grandes
- 125 gramos de mozzarella
- 200 gramos de carne picada
- Sal, pimienta y pimentón picante

Direcciones:

1. Calienta el aceite de coco dentro de una olla.

2. Pela y pica la cebolla y el ajo finamente y fríelos en una sartén hasta que estén vidriosos.
3. Agrega la carne picada y déjela dorar durante 3 a 4 minutos y sazone todo con el pimentón en polvo, sal y pimienta.
4. Ahora agrega los tomates colados y déjela hervir a fuego lento durante 2 a 3 minutos más.
5. Lava los calabacines y luego córtalos en tiras finas, al igual que tienes que cortar la mozzarella en rodajas delgadas.
6. Comienza a colocar las tiras de calabacín junto con la carne y la mozzarella en una fuente para horno, en total deberían haberse creado 2 a 3 capas de calabacín, carne picada y mozzarella.
7. Hornea la lasaña a 180 ° C durante 8-10 minutos y luego sirva.

Chuletas De Aguacate

Ingredientes:

- 2 cucharadas de tahini (sésamo)
- 2 cucharadas de aceite de coco
- 2 cucharadas de mostaza
- Sal y pimienta
- 400 gramos de carne picada
- 2 huevos
- ½ aguacate
- 1 cebolla grande
- 30 gramos de semillas de lino trituradas

Direcciones:

1. Pela y corta la cebolla en trozos finos.

2. Mezcla la mostaza, la linaza, la carne, el sésamo y la cebolla junto con sal y pimienta.
3. Tritura primero la carne del aguacate con un tenedor y luego levántala debajo de la carne picada.
4. Calienta una sartén y agrega el aceite de coco.
5. Forma varias albóndigas con la carne picada y déjalas freír en la sartén durante 3 minutos por cada lado.
6. Sirve las chuletas terminadas en 2 platos y como acompañamiento te puedo recomendar servir una ensalada verde que iría bien con este platillo.

Rodajas De Pollo

Ingredientes:

- 2 cucharadas de aceite de oliva
- 100 ml de caldo de verduras
- 1 cebolla
- 250 gramos de tomates cócteles
- 250 gramos de champiñones
- 200 gramos de pollo
- 200 gramos de queso crema
- Ajo en polvo, pimentón en polvo, sal y pimienta

Direcciones:
1. Calienta una sartén y agrega el aceite.

2. Pela y corta la cebolla finamente y deja que se fría hasta que se vea vidriosa en la sartén.
3. Corta la carne en trozos pequeños y fríelos junto con las cebollas.
4. Lava y pica los champiñones y los tomates para agréguelos a la carne.
5. Después de 4 o 5 minutos, agrega el caldo de verduras y el queso crema.
6. Sazona al gusto todo con ajo, pimentón, sal y pimienta.
7. Déjalo hervir a fuego lento durante otros 3 a 4 minutos y sírvelo en 2 platos.

Brownies De Espresso Con Arándanos

Ingredientes:

- 1/4 taza de cacao orgánico en polvo
- 1 cucharada. canela
- 1 cucharada. café molido de elección
- 2 cucharaditas extracto de vainilla
- 1/2 cucharadita bicarbonato de sodio
- 1/4 cucharadita sal marina
- 1 taza de concentrado de crema de coco, derretida, y más para rociar
- 3 huevos de tu granjero local
- 1/2 taza de miel orgánica cruda
- 1 taza de pecanas, trituradas

- 1 taza de arándanos

Direcciones:

1. Precaliente el horno a 325°F. Engrase una fuente para hornear de 9x13 pulgadas (o un mini molde para muffins) con aceite de coco.
2. Coloque la crema de coco, los huevos, la miel, las pecanas, el cacao en polvo, la canela, la tierra café, vainilla, bicarbonato de sodio y sal en un tazón.
3. Use una batidora de mano o una batidora de pie para combinar todos los Ingredientes: hasta que estén bien mezclados.
4. Incorpore los arándanos a mano para no aplastarlos.
5. Vierta la masa en el molde para hornear preparado y hornee durante unos 25-30 minutos, o hasta que un palillo sale limpio.
6. Retire del horno y deje que se enfríe.
7. Una vez frío, rocíe el concentrado de crema de coco derretida sobre los brownies.

Galleta Cocochocodamia

Ingredientes:

- 1/2 cucharadita extracto de vainilla
- 1/8 cucharadita sal marina
- 1 taza de harina de coco
- 1/2 taza de nueces de macadamia, picadas gruesas o finas
- 1/2 taza de coco sin azúcar rallado
- 1/2 taza de aceite de coco, derretido
- 1/2 taza de miel cruda (u otro endulzante natural)
- 4 huevos
- 3/4 taza de chispas de chocolate amargo

Direcciones:

1. Precaliente el horno a 375°F.
2. En un tazón grande, mezcle el aceite de coco derretido y la miel. Agregar huevos, vainilla extracto, sal marina y mezclar bien.
3. Agregue la harina de coco, las nueces de macadamia, el coco rallado y las chispas de chocolate.
4. En bandejas para hornear forradas con pergamino, deje caer cucharadas colmadas de la galleta masa.
5. Hornee por 14 minutos o hasta que estén doradas. Retire del horno, transfiera a un rejilla para enfriar y disfrútelo con un vaso alto de leche de almendras.

Gachas Keto Veganas

Ingredientes:

- 2 cucharadas de proteína vegana de vainilla en polvo
- 1 ½ tazas de leche de almendras sin azúcar
- stevia en polvo al gusto.
- 2 cucharadas de harina de coco
- 3 cucharadas de harina de linaza dorada

Direcciones:

1. En un tazón mezcle la harina de coco, la harina de linaza dorada y la proteína en polvo.
2. Agregue a una cacerola, junto con la leche de almendras, y cocine a fuego medio. Parecerá muy suelto al principio.
3. Cuando se espese, puedes agregar la cantidad de edulcorante que prefieras. Me gusta usar

alrededor de ½ cucharada. Servir con sus

Ingredientes: favoritos.

Tortilla De Espinacas, Cebolla Y Queso De Cabra

Ingredientes:

- 3 huevos grandes
- 2 cucharadas de crema espesa
- 30 g de queso de cabra
- 1 cebolla mediana mediana
- ¼ de cebolla mediana
- 2 cucharadas de mantequilla
- 2 tazas de espinacas
- Sal y pimienta

Direcciones:

1. Extender 2 cucharadas. Mantequilla en una sartén caliente con las manos.

2. Cortar 1/4 de cebolla mientras la mantequilla comienza a dorarse. Cortar en tiras largas.
3. Una vez que la mantequilla comience a dorarse, agregue la cebolla a la sartén y deje que la cebolla se caramelice.
4. Una vez que la cebolla esté transparente, agregue 1 puñado grande de espinacas (2 tazas) a la sartén. Deja que esto se cocine y se marchite. Sazone con sal y pimienta al gusto.
5. Retire la mezcla de espinacas y cebolla de la sartén y déjela a un lado. En un recipiente pequeño para medir, rajar 3 huevos grandes.
6. Agregue 2 cucharadas. Crema espesa, sal y pimienta a los huevos. Mezclar esto bien juntos.
7. Caliente la sartén a fuego medio-bajo (ya debería estar caliente). Agregue la mezcla de huevo a la sartén y deje que se cocine.
8. Una vez que los bordes comiencen a fraguar, agregue la cebolla y la mezcla de espinacas

nuevamente en la mitad de la tortilla. Queso de cabra sobre la espinaca y sazone con más sal y pimienta si lo desea.

9. ¡Doble la tortilla por la mitad una vez que la parte superior comience a asentarse y servir! Decore con cebollas si lo desea.

Desayuno Ceto Brownie Muffins

Ingredientes:

- 2 cucharadas de aceite de coco
- ¼ taza de jarabe de caramelo sin azúcar
- ½ taza de puré de calabaza
- 1 cucharadita de extracto de vainilla
- 1 cucharadita de vinagre de manzana
- ¼ taza de almendras picadas
- 1 taza de harina de lino dorada
- ¼ taza de cacao en polvo
- 1 cucharada de canela
- ½ cucharada de polvo de hornear

- ½ cucharadita de sal

- 1 huevo grande

Direcciones:

1. Precaliente su horno a 180 ° C y combine todos sus Ingredientes: secos en un tazón para mezclar profundo y mezcle para combinar.
2. En un recipiente aparte, combine todos los Ingredientes: húmedos.
3. Vierta sus Ingredientes: húmedos en sus Ingredientes: secos y mezcle muy bien para combinar.
4. Cubra una lata de panecillo con forros de papel y coloque alrededor de ¼ taza de masa en cada forro para panecillos.
5. Esta receta debe producir 6 muffins. Luego, espolvoree almendras en la parte superior de cada panecillo y presione suavemente para que se adhieran.

6. Hornear en el horno durante unos 15 minutos. Deberías ver los panecillos levantarse y colocarse encima. ¡Disfruta caliente o fresco!

Keto Corned Beef Hash Con Rábanos

Ingredientes:

- 1/4 cucharadita de pimienta negra molida

- 1/2 cucharadita de orégano seco (mexicano si lo tienes)

- 1/4 cucharadita de ajo en polvo

- 1 lata de doce onzas de carne en conserva o 1 taza de carne en conserva finamente picada, empacada

- 1 cucharada de aceite de oliva

- 1/4 taza de cebollas picadas

- 1 taza de rábanos, cortados en cubitos a aproximadamente 1/4 de pulgada

- 1/2 cucharadita de sal kosher

Direcciones:

1. Caliente el aceite de oliva en una sartén grande y agregue las cebollas, los rábanos, la sal y la pimienta.
2. Saltee las cebollas y los rábanos a fuego medio durante 5 minutos o hasta que se ablanden.
3. Agregue el orégano, el ajo en polvo y la carne en conserva a la sartén y revuelva bien hasta que se combinen.
4. Cocine a fuego bajo a medio, revolviendo ocasionalmente durante 10 minutos o hasta que los rábanos estén suaves y comiencen a dorarse.
5. Presione la mezcla en el fondo de la sartén y cocine a fuego alto durante 2-3 minutos o hasta que el fondo esté crujiente y dorado.
6. Servir caliente.

Receta De Pollo Frito Del Sur

Ingredientes:

- 1 cucharadita de pimienta

- 1 cucharadita de ajo en polvo

- 1 cucharadita de pimentón

- 1 taza de harina de coco

- 5 libras de cuartos de pierna de pollo

- 1 cucharadita de sal

- Aceite para freír

Direcciones:

1. En un bol grande, combina el pollo, la sal, la pimienta, el ajo en polvo y el pimentón. Con las manos, masajea las especias en el pollo y asegúrate de que esté bien cubierto. Tapa y

refrigera durante al menos 2 horas o toda la noche.
2. Para preparar: Añadir la harina de coco al pollo sazonado y mezclar bien para cubrirlo.
3. Caliente el aceite a unos 5 centímetros de profundidad en una sartén grande de fondo grueso (el hierro fundido es ideal o utilice una freidora si tiene una) a 375 grados (F).
4. Añada el pollo en tandas. No abarrote la sartén o no quedará crujiente. Cocine durante unos 8 minutos por lado, o hasta que esté bien dorado.
5. Pruebe con un termómetro de carne para asegurarse de que la temperatura interna de la carne alcanza los 165 grados.
6. Si no tiene uno, corte en un trozo y asegúrese de que la carne no esté rosada antes de servirla.

Puré De Coliflor Con Ajo Y Cebollino: Bajo En Carbohidratos Y Sin Lácteos

Ingredientes:

- 1/2 cucharadita de sal Kosher
- 1/8 cucharadita de pimienta negra
- 1/4 cucharadita de zumo de limón
- 1/2 cucharadita de ralladura de limón (o lima)
- 4 tazas de floretes de coliflor
- 1/3 de taza de mayonesa
- 1 diente de ajo pelado
- 1 cucharada de agua
- 1 cucharada de cebollino fresco picado

Direcciones:

1. Combinar la coliflor, la mayonesa, el ajo, el agua, la sal y la pimienta en un bol grande apto para microondas, removiendo para cubrirla.
2. Calentar en el microondas a temperatura alta durante 12-15 minutos (o más), hasta que se ablande por completo.
3. Añadir la mezcla cocida a una bala mágica o a un procesador de alimentos y hacerla puré hasta que esté suave.
4. Añade el zumo de limón, la ralladura y el cebollino y bate hasta que se mezclen.
5. Servir caliente.

Muslos De Pollo Dijon Simples

Ingredientes:

- ½ taza de cebolla picada
- 4 Muslos de pollo
- ¼ taza de crema pesada
- 2 cucharadas de mostaza de Dijon
- 1 cucharadita de tomillo
- ½ taza de caldo de pollo
- 1 cucharada de aceite de oliva
- 1 cucharadita de ajo en polvo

Direcciones:
1. Calentar el aceite de oliva en una sartén. Cocer el pollo durante unos 4 minutos por lado.

2. Dejar de lado. Saltee las cebollas en la misma sartén durante 3 minutos, agregue el caldo y cocine a fuego lento durante 5 minutos.
3. Agregue la mostaza y la crema espesa, junto con el tomillo y el ajo en polvo.
4. Vierta la salsa sobre el pollo y sirva.

Pasta A La Boloñesa De Pavo Vegetariana

Ingredientes:

- 3 cucharadas de salsa pesto

- 1 taza de cebolla picada

- 2 tazas de calabacín en rodajas

- 2 tazas de champiñones en rodajas

- 2 cucharaditas de aceite de oliva

- 1 libra de suelo pavo

- 6 tazas de pasta vegetariana (en espiral)

Direcciones:

1. Calentar el aceite en una sartén. Agregue el pavo y cocine hasta que esté dorado. Transfiera a un plato.

2. Agregue las cebollas a la sartén y cocine hasta que estén translúcidas, aproximadamente 3 minutos.
3. Agregue el calabacín y los champiñones y cocine por 7 minutos más.
4. Regrese el pavo a la sartén. Agregue la salsa pesto.
5. Cubra la sartén, baje el fuego y cocine a fuego lento durante 5 minutos.

Pollo Y Champiñones En Sartén

Ingredientes:

- ¼ taza de mantequilla

- ½ taza de agua

- 1 cucharadita de mostaza Dijon

- 1 cucharada de estragón, picado

- 4 muslos de pollo

- 2 tazas de champiñones en rodajas

- ½ cucharadita de cebolla en polvo

- ½ cucharadita de ajo en polvo

- Sal y pimienta para probar

Direcciones:

1. Sazone los muslos con sal, pimienta, ajo y cebolla en polvo.
2. Derrita un poco de mantequilla en una sartén y cocine el pollo hasta que esté dorado. Dejar de lado.
3. Derrita la mantequilla restante y cocine los champiñones durante unos 5 minutos.
4. Agregue la mostaza de Dijon y el agua. Regresa el pollo a la sartén. Sazone al gusto con sazón y pimienta.
5. Reduzca el calor y la cubierta, y deje cocer a fuego lento durante 15 minutos. Revuelva en estragón.

Empanadas Keto De Parmesano Con Salsa De Tomate

Ingredientes:

- 120 ml de nata
- 50 ml de leche
- Sal y pimienta al gusto
- 2 huevos
- 100 g de queso grana padano o parmesano rallado
- 1 cucharada de harina aprox. 10 g

Para la salsa:

- 10 cucharadas de salsa de tomate fresco
- 1 cucharada rasa de aceite evo

- Sal y pimienta al gusto

- Media cebolla

- Hojas de albahaca fresca

Direcciones:

1. Poner la nata en un cazo antiadherente y diluirla con una cucharada de agua, a continuación añadir la harina, removiendo bien en el mismo sentido, con cuidado de que no se formen grumos, añadir una pizca de sal y llevar a ebullición.
2. Batir los huevos enteros y añadir poco a poco el queso parmesano, luego añadir la nata, previamente llevada a ebullición, a la mezcla de huevos y queso.
3. A continuación, rellenar moldes de aluminio desechables previamente engrasados bien, preferiblemente con un poco de mantequilla o aceite de oliva.

4. Colocar los 4 moldes de aluminio en una fuente de horno previamente llena hasta 2/3 de su capacidad con agua y hornear al baño maría a 180 grados durante unos 25 minutos.
5. Para la salsa, rehogar la cebolla en una sartén pequeña antiadherente con aceite y un poco de agua, añadir la salsa de tomate, sal y pimienta si se desea, y la albahaca y cocer durante 10 minutos, añadiendo agua al gusto.
6. Una vez cocidas, poner unas cucharadas de salsa en los platos de debajo y, a continuación, dar la vuelta a las tartas, con cuidado de no romperlas al desmoldarlas. Servirlas bien calientes, adornándolas con unas hojas de albahaca fresca al gusto.

Lasagnetta Con Calabacines, Jamón Y Queso Provolone

Ingredientes:

- 2 g de jamón cocido en lonchas
- 2 cucharadas de queso parmesano rallado
- Tomillo fresco
- 1 yema
- 3 calabacines
- 200 g de provola en rodajas
- Sal y pimienta

Direcciones:
1. Lavar bien los calabacines y secarlos, cortarlos longitudinalmente con una mandolina o a

mano con un cuchillo de modo que tengan 4 mm de grosor.

2. Coge un molde y fórralo con papel de hornear, luego coloca una primera capa de rodajas de calabacín ligeramente superpuestas.
3. Coloca encima lonchas de queso provola y a continuación una capa de lonchas de jamón, una pizca de queso parmesano, sal, pimienta y un poco de tomillo picado, continúa alternando los Ingredientes: hasta terminar.
4. Como última capa, esparcir un poco de yema de huevo y queso parmesano, hornear a 200° durante unos 20 min. hasta que se dore y ¡servir!
5. Para esta receta, se pueden sustituir los calabacines por rodajas de berenjena a la plancha y el jamón por speck o jamón serrano; el queso provola también se puede

sustituir por scamorza ahumada o mozzarella ¡en un bollo!

Schnitzel Crujiente

Ingredientes:

- 40 g de queso parmesano o grana rallado
- 40 g de avellanas
- 1 huevo entero
- 1 loncha de ternera 150 g
- aceite de oliva, sal y pimienta

Direcciones:
1. Picar las avellanas y mezclarlas con el queso parmesano o grana rallado.
2. Poner el huevo entero en un cuenco y batirlo con un tenedor, luego sumergir la carne por

ambos lados y después pasarla por la masa de parmesano y avellanas.

3. Calentar una sartén antiadherente con abundante aceite de oliva y cocinar la carne, dándole varias vueltas, durante unos 10 minutos. Secar la chuleta del exceso de aceite con papel de cocina.

4. Servir caliente después de salar y acompañar con calabacines o berenjenas a la plancha.

Keto Bombas De Grasa

Ingredientes:

- 1/2 taza de mantequilla de maní keto-friendly
- 1/4 de taza de aceite de coco, más 2 cucharadas
- 1/2 cucharaditas de sal kosher
- 8 onzas de queso crema, suavizado a temperatura ambiente
- 1/2 taza de chips de chocolate negro keto-friendly

Direcciones:

1. Alinee una pequeña bandeja para hornear con papel pergamino. En un tazón mediano, combine el queso crema, la mantequilla de maní, la taza y media de aceite de coco y la sal.

2. Usando un mezclador de mano, batir la mezcla hasta que todo esté integrado en él. Coloque el tazón en el congelador durante unos 10 a 15 minutos
3. Mientras tanto, haz llovizna de chocolate. Haga esto mezclando chips de chocolate y el aceite de coco restante en un tazón seguro para microondas y en el microondas en intervalos de 30 segundos hasta que estén bien derretidos.
4. Rocíe sobre las bolas de mantequilla de maní y vuelva a colocarlas en el refrigerador para endurecerlas durante unos 5 minutos
5. Cubrir en el refrigerador para almacenar

Batido De Proteína De Keto De Chocolate

Ingredientes:

- 2 cucharadas de cacao en polvo sin endulzar
- 2 a 3 cucharadas de sustituto del azúcar keto-friendly al gusto
- 1 cucharada de semillas de chía y más para servir
- 2 cucharadas de semillas de cáñamo y más para servir
- 1/2 cucharada de extracto puro de vainilla
- 3/4 de taza de leche de almendras
- 1/2 c de hielo
- 2 cucharadas de mantequilla de almendras
- Una pizca de sal kosher

Direcciones:

1. Mezcla todos los Ingredientes: en la licuadora y mezcla hasta que quede suave.
2. Vierta en un vaso y decore con más semillas de chía y cáñamo

Green Curry Kale & Crispy Coconut Tempeh

Ingredientes:

- Aceite de oliva

- Sal y pimienta al gusto

- 2 pulgadas de jengibre fresco, pelado

- 1/2 cucharadita de salsa de soja tamari

- 1/2 taza de leche de coco llena de grasa, agitada

- 1 a 2 cucharadas de aceite de coco

- 1 paquete estándar de tempeh, cortado en trozos pequeños

- Sésamo

- 1 manojo de col rizada, hojas destrozadas en trozos del tamaño de una mordida

- 3 cebollas verdes, cortadas en rodajas y partidas

- 3 grandes puñados de hojas de cilantro, ralladas

- 2 limas

- Semillas de cáñamo

Direcciones:

1. En un tazón grande, mezcle las hojas de col rizada, las partes verdes de las cebollas verdes y dos puñados de hojas de cilantro
2. Exprime el jugo de una lima sobre la ensalada
3. Añadir un poco de aceite de oliva, sal y pimienta
4. Combinar y masajear el aceite de oliva o el jugo de lima en las hojas de col rizada para suavizarlas

5. Mientras tanto, corta 3 tiras pequeñas de ralladura de la línea restante y más o menos córtalas
6. Poner un mortero y añadir aproximadamente la mitad de las sobras de blancos de cebolla verde
7. Cortar el trozo de hierba de limón, jengibre y chile y añadirlos al contenido en el mortero
8. Añadir el cilantro y un poco de sal
9. Golpea los Ingredientes: hasta que se conviertan en una pasta. También es posible que desee exprimir un poco de lima
10. Raspa la pasta en una taza de medición y revuelve la leche de coco con los tamari
11. Picar el cilantro restante y removerlo junto con la mezcla
12. Calienta el aceite de coco en una sartén grande a fuego medio

13. Añade las cebollas verdes restantes y sofríe hasta que tengas un olor fragante. Haz esto durante unos 30 segundos
14. Agregue los trozos de tempeh y un poco de sal y pimienta hasta que se vuelva marrón y un poco crujiente. Haz esto durante unos 8 minutos
15. Añadir un poco de cal para el recubrimiento
16. Cuchara el aderezo de coco sobre la ensalada y termina con las crujientes piezas de tempeh de coco
17. Decorar con ensalada y semillas de sésamo o cáñamo
18. ¡Sirve y disfruta!

Cazuela Abundante Con Tocino

Ingredientes:

- 150 gramos de tomates cócteles
- 300 gramos de espárragos
- Sal y pimienta
- 50 gramos de tocino
- 6 huevos
- 60 gramos de mozzarella
- Un poco de aceite de coco

Direcciones:
1. Precalienta el horno a 200 ° C.
2. Engrasa la fuente para hornear con suficiente aceite de coco.

3. Lavas, pela y corta en trozos pequeños los espárragos y los tomates.
4. Pica el tocino en partes pequeñas y ponlo en capas con los tomates en la fuente del horno engrasado.
5. Extiende la mozzarella uniformemente sobre ella y vierte los huevos crudos sobre la cacerola.
6. Deja que todo se hornee durante 15 a 20 minutos hasta que los huevos estén cocidos.
7. Sirve la cacerola terminada en 2 platos.

Huevo Con Tocino Y Ensalada De Espinacas

Ingredientes:

- 100 gramos de espinacas frescas
- 1 cucharada de aceite de coco
- 2 cucharadas de aceite al gusto
- 1 cucharada de vinagre
- 4 huevos
- 50 gramos de tocino
- 100 gramos de tomates cócteles
- Sal y pimienta

Direcciones:
1. Calienta una sartén y agrega el aceite de coco.

2. Corta el tocino en cubitos pequeños y fríelos hasta estar crujientes en la sartén por 3 minutos.
3. Abre los huevos en la sartén, pero asegúrate de que la yema no se derrita.
4. Para la ensalada, primero lava las espinacas y déjalas secar en un hilador de ensalada, luego lava los tomates y mezcla una vinagreta hecha de vinagre y el resto del aceite.
5. Prueba la vinagreta con sal y pimienta, y luego mézclala con la ensalada.
6. Después de unos 4 o 5 minutos, los huevos fritos también deberían estar listos para servir.
7. Sirve los huevos fritos junto con el tocino crujiente y la ensalada de espinacas en 2 platos.

Chile Pimiento Relleno

Ingredientes:

- 1 cebolla grande
- 1 cucharada de aceite de coco
- Sal, pimienta, picante al gusto
- 200 gramos de carne molida
- 2 chile pimiento
- 100 gramos de mozzarella

Direcciones:
1. Calienta el aceite de coco en una cacerola.
2. Pica la cebolla y deja que se saltee en la olla.
3. Agrega la carne picada y cocínalo durante 4-5 minutos. Sazona todo con sal, pimienta y picante al gusto.

4. Mientras la carne se cocina en la olla, precaliente el horno a 180 ° C.
5. Lave, reduzca a la mitad y pele los pimientos y llénelos con la carne picada.
6. Luego cubra los pimientos rellenos con el queso y déjelos hornear en una fuente para horno en el horno durante 15-20 minutos.
7. Finalmente, saque los pimientos del horno y sírvalos en 2 platos.

Galletas Cavernícolas

Ingredientes:

- 1/2 taza de arándanos secos

- 1/2 taza de albaricoques secos

- 1/2 taza de coco rallado

- 2 huevos

- 1 taza de almendras tostadas

- 1 cucharada. aceite de oliva virgen extra

Direcciones:

1. Lo primero que debe hacer es asar las almendras, así que precaliente el horno a 350 ° F,
2. Y esparcir todas las almendras en una bandeja para hornear. Hornea por 10 minutos (a tu

gusto) prueba deben tener un sabor tostado pero no quemado).

3. Deje el horno a 350°F.
4. Coloque las almendras tostadas, los arándanos, los albaricoques y el coco rallado en un alimento.
5. Procesador y pulse continuamente hasta que todo esté picado.
6. Encienda su procesador de alimentos y déjelo funcionar mientras rocía lentamente aceite de oliva.
7. Transfiera esta mezcla a un tazón y mezcle bien con los 2 huevos.
8. Usando sus manos, forme empanadas delgadas o barras largas (o cualquier forma que desee), solo manténgalos alrededor de 1/4 de pulgada de grosor.
9. Coloque las galletas en una bandeja para hornear forrada con papel pergamino o en una bandeja para hornear antiadherente.

10. Hoja, y hornee por 20 minutos.
11. Transfiera a una rejilla para enfriar para que no continúen cocinándose. Disfrutar.

www.ingramcontent.com/pod-product-compliance
Lightning Source LLC
LaVergne TN
LVHW010217070526
838199LV00062B/4626